CHEVREUSE

RECHERCHES

HISTORIQUES, ARCHÉOLOGIQUES ET GÉNÉALOGIQUES

PAR

Auguste MOUTIÉ

Officier d'Académie, Membre de la Société Archéologique de Rambouillet, Correspondant du Ministère
de l'Instruction Publique, de la Société Nationale
des Antiquaires de France, de la Société Archéologique de l'Orléanais, etc.

TABLEAUX GÉNÉALOGIQUES

ET

SCEAUX DES SEIGNEURS DE CHEVREUSE

RAMBOUILLET

IMPRIMERIE ET LIBRAIRIE DE RAYNAL, RUE NATIONALE, N. 39

1876

MÉMOIRES ET DOCUMENTS

PUBLIÉS

Par la Société Archéologique de Rambouillet

CHEVREUSE

RECHERCHES

HISTORIQUES, ARCHÉOLOGIQUES ET GÉNÉALOGIQUES

PAR

Auguste MOUTIÉ

Officier d'Académie, Membre de la Société Archéologique de Rambouillet, Correspondant du Ministère de l'Instruction Publique, de la Société Nationale des Antiquaires de France, de la Société Archéologique de l'Orléanais, etc.

TABLEAUX GÉNÉALOGIQUES

ET

SCEAUX DES SEIGNEURS DE CHEVREUSE

RAMBOUILLET

IMPRIMERIE ET LIBRAIRIE DE RAYNAL, RUE NATIONALE, N. 39

1876

TABLEAU GÉNÉALOGIQUE DE LA FAMILLE DE MONTLHÉRY

(par A. De Dion)

I	II	III	IV	V
Thibaut File-Etoupe (1er seigneur de Montlhéry et de Chevreuse, 1015-1030?)	Gui I (2e seigneur de Montlhéry et de Chevreuse, 1030-1076) + 1095 = Hodierne, dame de Gometz	1° Milon I (3e seigneur de Montlhéry et de Chevreuse, 1076-1102) = vers 1070, Lithuise, vicomtesse de Troyes, dame de Bray-sur-Seine .	1° Gui II, Troussel (4e seigneur de Montlhéry et de Chevreuse, 1102-1109) = Adélaïs.	Elisabeth = Philippe de Mantes.
			2° Thibaut La Bofe.	
			3° Milon II, vicomte de Troyes (5e seigneur de Montlhéry et de Chevreuse, 1109-1118), = 1113, Adélaïs de Blois, dont il est séparé.	
			4° Renaud, évêque de Troyes (1121 et 1122).	
			5° Emmeline = Hugues de Broyes.	Simon de Broyes.
			6° Isabelle = Thibaut de Dampierre.	Gui de Dampierre, tige de la maison de Bourbon.
			7° N. = le seigneur de Plancy.	Hugues de Plancy.
			8° N. = le seigneur d'Ervy.	Milon d'Ervy.
			9° Marguerite = Manassès, vicomte de Sens.	Serlon, vicomte de Sens.
		2° Gui le Rouge, comte de Rochefort (1062-1107) = 1° La dame de Rochefort.	1° Gui II, comte de Rochefort + vers 1112.	
			2° La dame de Rochefort = Anseau de Garlande.	Agnès de Garlande = vers 1120, Amaury de Montfort.
		= 2° Adélaïs, dame de Crécy, veuve du comte de Corbeil.	1° Hugues de Crécy = Lucianne de Montfort.	
			2° Biote = le vicomte du Gâtinais.	Gui, vicomte du Gâtinais.
			3° Béatrix = 1° Manassès de Tournan.	Gui, Hugues et Jean de Tournan.
			= 2° Dreux de Pierrefonds.	Ade = Gauthier de Châtillon.
		3° Milesende = Hugues, comte de Rethel + 1118.	1° Baudouin du Bourg, roi de Jérusalem (1118-1131).	
			2°, 3°, etc. Manassès; Gervais, archevêque de Reims, etc.	
		4° Milesende la Jeune, ou Chère Voisine, = le seigneur de Pont-sur-Seine.	1°, 2° Anselin et Gervais de Pont-sur-Seine.	
			3° Philippe dit Milon, évêque de Troyes (1083-1121).	
		5° Elisabeth = Joscelin de Courtenay.	Miles de Courtenay = Ermengarde de Nevers.	Renaud, dont Isabeau = Pierre de France.
		6° Alix = Hugues I, seigneur du Puiset + 1094.	1° Ebrard III + 1097 = Elisabeth de Corbeil.	Hugues III, seigneur du Puiset + 1132.
			2°, Etc. Hugues, Gui, Raoul, Galeran, Emmeline	
		7° N. = Gautier de Saint-Valery.		

TABLEAU GÉNÉALOGIQUE DE LA PREMIÈRE FAMILLE DE CHEVREUSE

(Par A. De Dion)

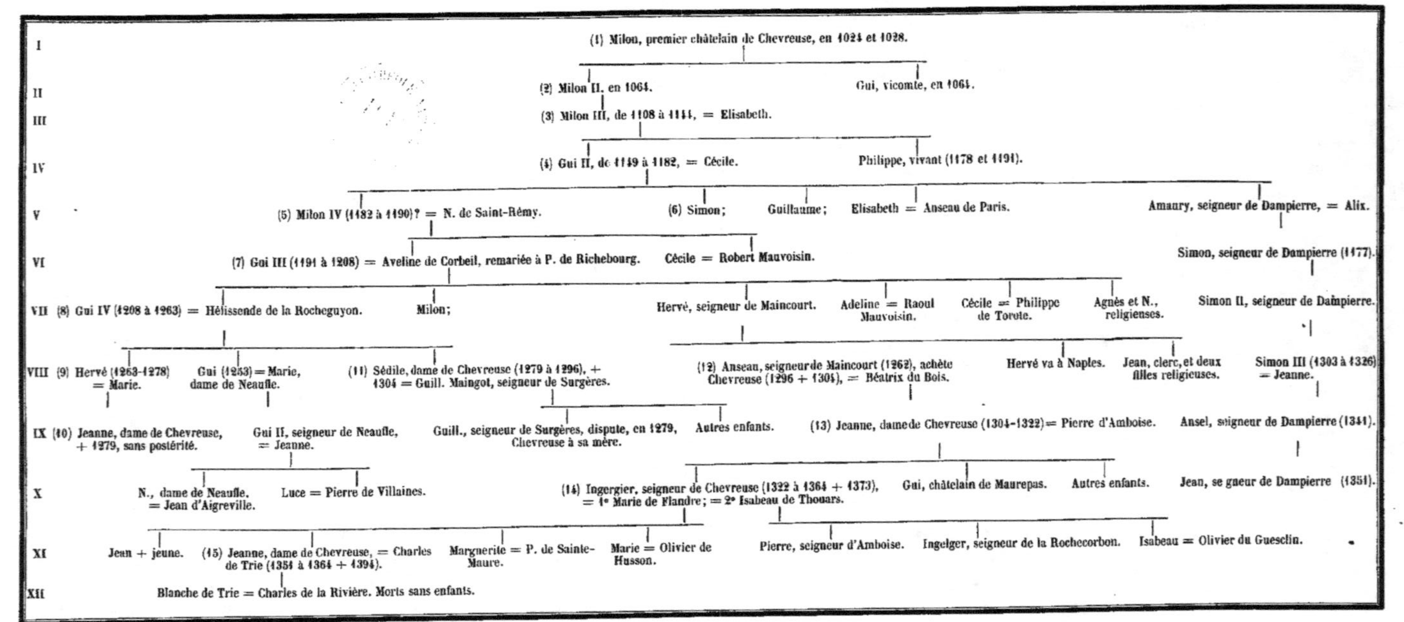

TABLEAU GÉNÉALOGIQUE DE LA SECONDE FAMILLE DE CHEVREUSE

(Par A. De Dion)

I. Pierre, seigneur de Chevreuse (1366 à 1393) = 1o Jeanne Chauderon. = 2o En 1370, Marguerite Trousseau, remariée à Guillaume de Colleville.

II. 1o et 2o Deux enfants morts jeunes.

3o Louis, seigneur de Chevreuse (1393-1400) = Perennelle de Moreuil.

Jean, seigneur de Chevreuse (1400-1419) = 14 mars 1409, Guillemette d'Estouteville + 1470

III.

Nicolas, seigneur de Chevreuse (1419-1489) = 1438, Jeanne de Saveuse.

IV.

Ide de Chevreuse = (1484) Antoine de Canteleu, seigneur de Chevreuse (1489-1517).

V.

VI. 1o Charles de Canteleu + 1524 sans alliance.

2o Claude de Canteleu = 1o 1502, Charles de Villeassin.
+ (1er août 1532) = 2o Pierre de Blécourt + 1529.
= 3o Gallois de Bailleul, seigneur de Chevreuse (1529-1543).

3o Françoise de Canteleu = Pierre Lorfèvre.

VII. 1o Marie Lorfèvre, dame de Pont-Saint-Maxence = Jean de Pipemont

2o Yde Lorfèvre, dame de Chevreuse, = Gilles du Fay, seigneur de Châteaurouge.

VIII. Gilles du Fay et ses frères et sœurs prétendent à la seigneurie de Chevreuse.

SCEAUX

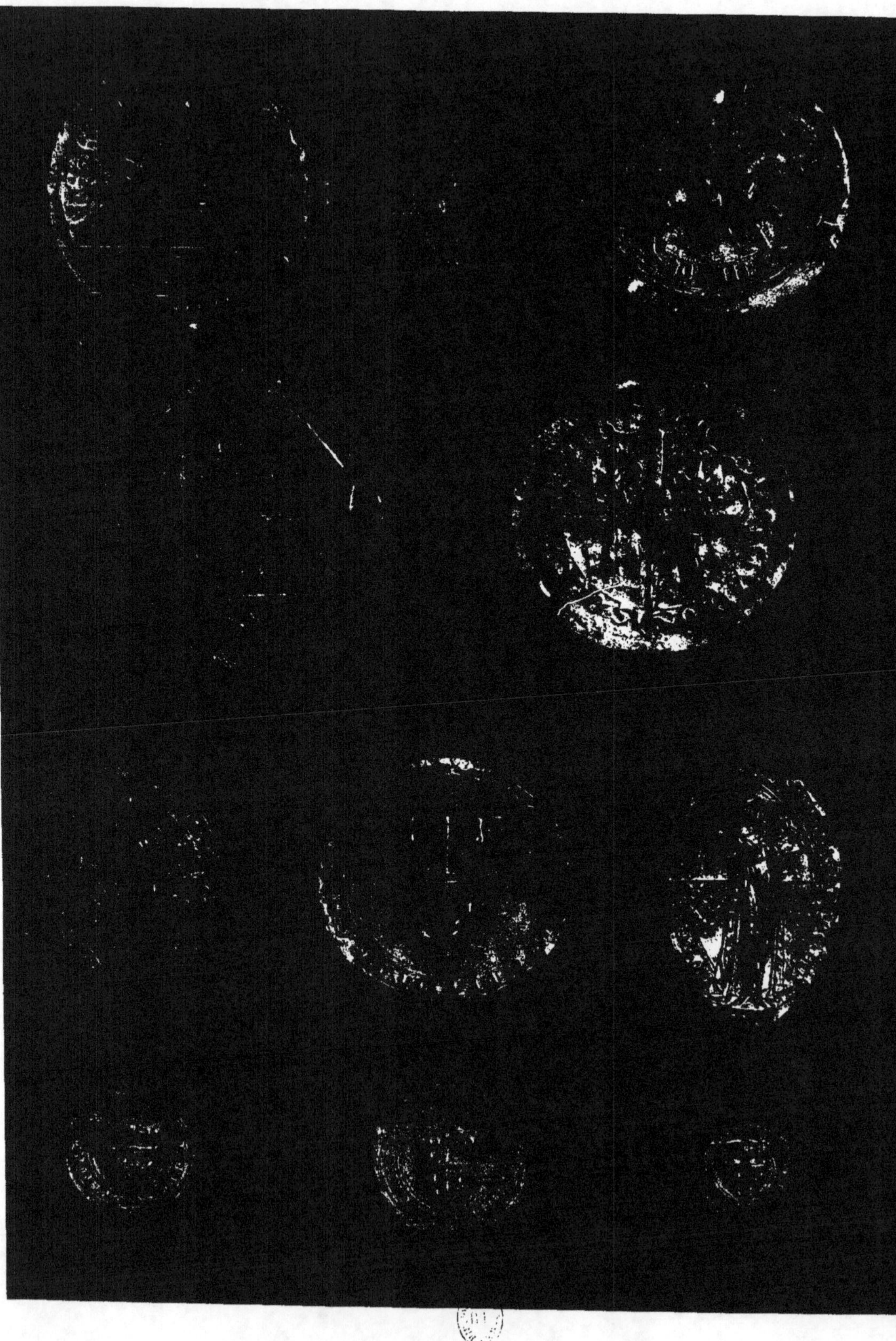

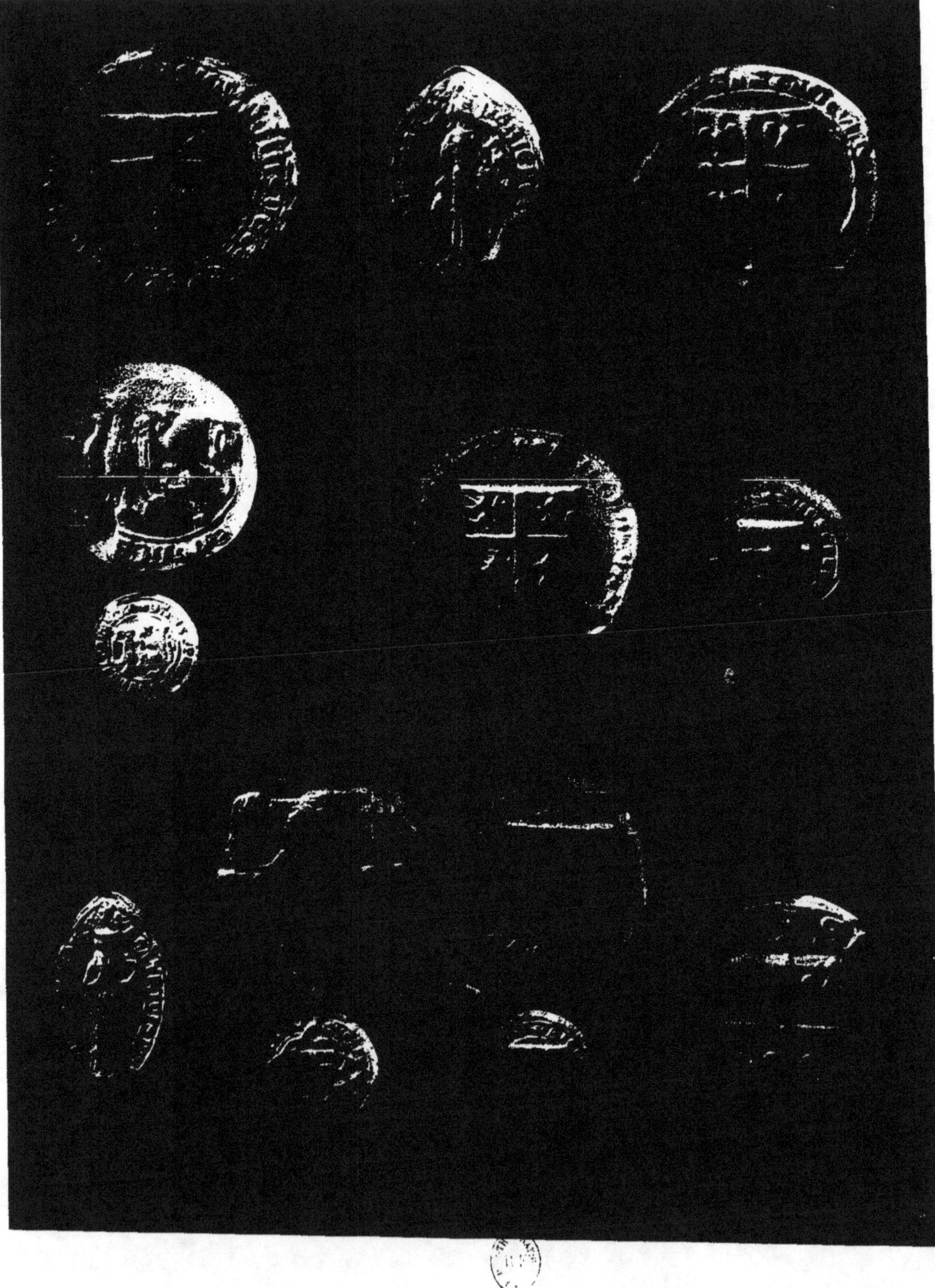

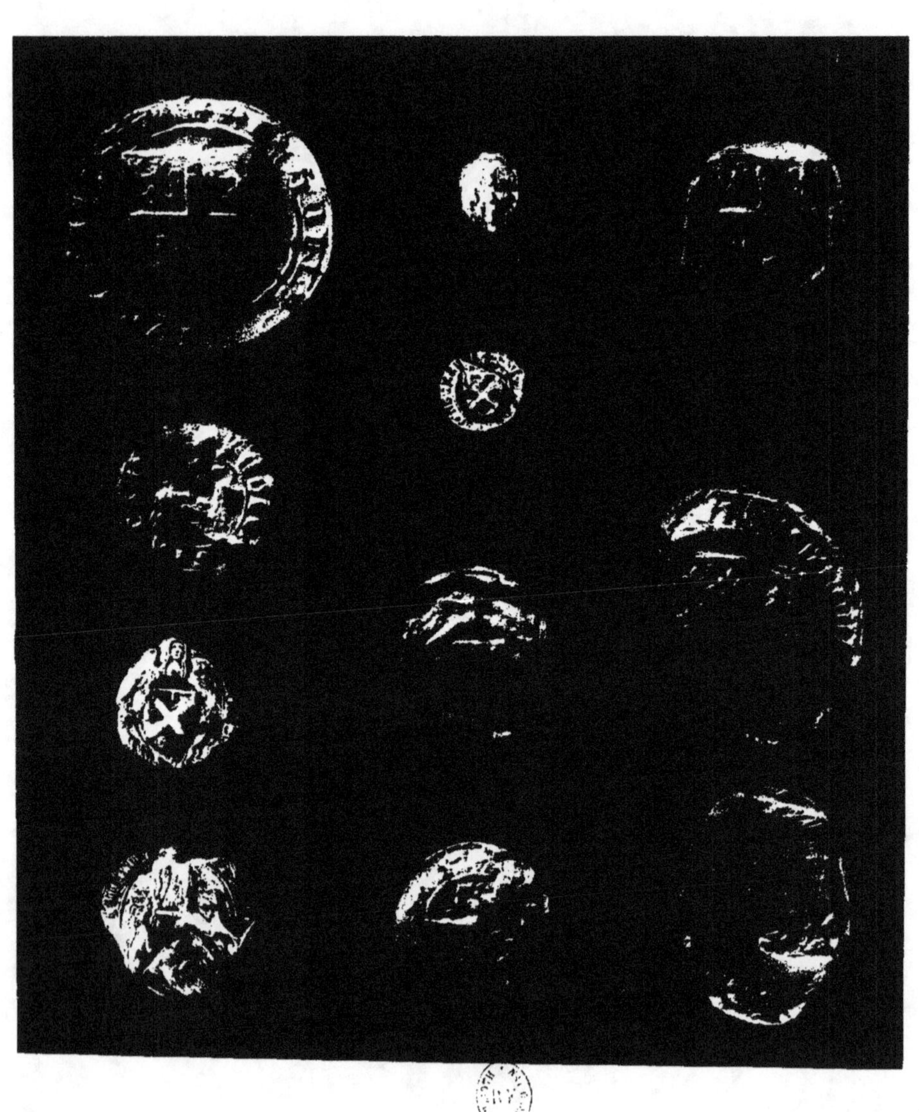